提升「幸福度」的73項練習

前野Madoka

我挺喜歡工作的。
也覺得自己每天都很努力。
然而……

待在這間公司，
我真的能有所成長嗎？

光是每天早晚搭乘
人滿為患的電車，
就覺得壓力山大!!

明明是假日，
卻滿腦子都是工作。

結果
工作和育兒
兩邊都做不到位……

「為什麼會這樣呢？

我明明很努力，卻完全感覺不到幸福!?」

遇到這種情況時，

就要放下僵化的想法，

採用73個養成「幸福體質」的行動守則。

本書將會介紹一些訣竅，每天實踐一點點，持續下去，

就能讓身體、心靈，以及你與周遭人們的關係，

進入「良好狀態（well-being）」。

前言

「幸福地工作」是什麼意思？

工作成為常態的時代

感謝各位翻開本書。我是研究幸福學的前野Madoka。

大家一直以來都以「模糊的感覺」來探討「幸福」這個領域，而我正致力於透過理論與研究，讓這門學問及其實務得到科學證實。

平時我會透過企業或自治團體的演講、研討會、工作坊，協助該單位的員工提升「幸福感」。

最近我見過許多企業人士，發現如今真的已經進入大量女性活躍於職場的時代了。

我在各種不同領域都見到許多職業婦女，包含年輕員工、中堅主管，以及企業家。從統計資料中也能明顯看到這樣的趨勢，例如，厚生勞動省二〇二二年公布的「令和四年版勞動女性實情」，就顯示勞動女性人口創下歷史新高。除此之外，我們也能從此得知，就連忙於育兒、照護、家務的三十五至四十歲女性，也有約八成是有工作的。

這或許代表著，女性進入職場的制度已臻完善。雖然還是會有事業家庭兩頭燒、職場人際關係、待遇、職涯發展等因工作而衍生出來的煩惱，即使如此，我們擁有了更多選擇，這件事還是很值得高興的。

我自己在這約六十年的人生中，也有過育兒、辭職、重返職場、乳癌，以及照護的經驗。在幸福學的幫助之下，我也還在持續摸索如何度過沒有後悔的每一天。

工作、生產、育兒。我們的現實生活

「工作」、「擁有配偶」、「擁有孩子」。每個人心目中的幸福都不一樣。自己想怎麼做，以及在此基礎上，想過什麼樣的生活，只要自己決定就行了。

然而，在職業婦女逐漸成為主流的如今，我同時也感覺到「工作、家事、育兒，同時做好所有事情是理所當然的」這種風氣正在不斷蔓延。

做全職工作是理所當然的。

協助丈夫是理所當然的。

家事做得像家庭主婦一樣好是理所當然的。

生小孩是理所當然的。
休產假、育嬰假的時候，也要努力提升自我是理所當然的。
維持美麗的外表是理所當然的。
因為縮短工時，高效率完成工作是理所當然的。
把孩子養育成才是理所當然的。

總覺得很令人喘不過氣，對吧？愈是認真努力的人，就愈有可能想做好每一件事，最後讓自己變得很痛苦。

有一項調查顯示，在所有勞動人口之中，幸福度最低的就是「邊工作邊帶小孩的女性」。

這就表示，女性在工作與家庭間蠟燭兩頭燒的情況有多嚴重。原本是為了幸福才選擇「在工作的同時也生小孩」，卻陷入感受不到幸福的狀況。

正因如此，有意識地學習保持「幸福」的方法是非常重要的。我們要相信自己的選擇，找出自己能接受的做法並採取行動。我是這麼認為的。

檢查你現在的「幸福度」

用客觀視角來看，你現在「幸福」嗎？面對這個問題，實際上應該很少人能立刻回答「是」。

美國心理學家艾德・迪安納（Ed Diener）博士製作的「人生滿意度量表」能幫助我們確認自己是否幸福。該量表會從五個層面評估我們對自己人生的評價和感情，能夠客觀掌握個人的幸福度。

請試著確認看看你現在的幸福度吧。

人生滿意度量表測驗

請針對以下問題寫出相應的數字。數字為1～7，1代表「完全不同意」，7代表「非常同意」。回答完所有問題後，再進行合計。

A 我人生中的大部分層面都相當接近我的理想 ____分

B 我的人生處於非常美好的狀態 ____分

C 我對自己的人生感到滿意 ____分

D 到目前為止，我已經得到了人生中重要的東西 ____分

E 就算人生重新再來一次，我應該也不會去改變什麼 ____分

1	2	3	4	5	6	7（分）
完全不符合	大部分不符合	不大符合	無法判斷	有點符合	大部分符合	非常符合

這個測驗的滿分是三十五分，而最多日本人給出的分數是中間偏高的「二十～二十四分」（二〇一二年的資料）。

另外，日本人的平均分數是十八．九分。

各位在做這個測驗時，得到的分數若是高於十八．九，就代表你的幸福度高於平均。

雖說如此，這並不代表分數比平均低的人，就比平均「不幸福」。請想成是將來還可以發現自己現在還沒找到的幸福。

什麼是上班族的「Well-being＝幸福」？

剛才我們已經從兼顧工作與家庭的層面思考過「Well-being＝幸福」了，但將這個詞語套用於上班族的日常生活的話，它又代表著什麼狀態呢？

有些人在工作和私生活都不順利時會暴飲暴食，讓我們用這個例子來思考看看吧。這些人可能只能在吃東西的時候感受到「我是快樂的」，即使已經有點不舒服。你說這種「幸福」是虛假的嗎？可它又是如此真實。

不過，大多數人聽到「幸福的人」這個詞時，並不會聯想到暴飲暴食的人。應該會想到處於**身心都沒有什麼大問題，身邊有人可以依賴**（與社會有連結）的狀態的人吧。

因此，身體、心靈和人際關係處於「良好狀態」，在幸福學上就稱為「Well-being」。它指的不是暫時性的，而是能夠在人生中長期持續的幸福。

例如，

不會對家人、職場的同事與上司感到煩躁與悶悶不樂。

不擔心將來，過著沒有後悔的日子。

能夠信任職場上的團隊成員。

身體上沒有重大問題。

公司裡有只有自己能勝任的工作。

在公司以外也擁有人際上的連結。

當一個人對身、心、社會的所有層面感到滿足時，我們就可以說他處在「Well-being的狀態」。

幸福的人工作表現也比較好

近年來，在企業管理方面，員工幸福度也成了要達成的目標之一。

以哈佛大學和賓夕法尼亞大學為首，許多大學名校進行研究後發現，現在以GAFA※為首的許多優秀企業都將幸福度納入管理策略。之所以如此，是因為目前已經得知，幸福度高的人具有以下幾種傾向。

- 創意測驗分數高
- 主管給予的評價高
- 值得信賴的朋友和同事數量多

・會保護其他員工，提出具有生產性的意見，提升自己的能力
・離職率低，不大會對公司採取報復行動，不容易失去工作動力
・不大會曠職
・不會忽略時間和努力的成本，會做出最適當且滿足度最高的決策

我認為上述這幾點是大多數人從經驗上來看都能認同的結果，而最近也逐漸得到了科學的證實。

從這裡我們能夠明顯看出，高幸福度的人是對公司比較有益的人才。實際上，目前也已經得知，相較於低幸福度的員工，高幸福度員工的創意高出三倍，生產性高出百分之三十一，業績也高出百分之三十七。

有鑑於這樣的結果，日本企業也開始重視提高員工幸福度這件事。

舉例來說，ＴＯＹＯＴＡ、京瓷、積水房屋、清水建設、ＰＯＬＡ等企業都已公開宣稱會積極提高員工的幸福度。也有企業為了提高員工幸福度，設置了ＣＷＯ（Chief Wellbeing Officer）、ＣＨＯ（Chief Happiness Officer）這樣

的職位。

日本社會的終身僱用制度早已成為歷史。再加上缺工的情況，為了防止優秀人才離職，各家企業都費盡了苦思。為了防止從零開始培養出來的員工被其他企業挖角的「慘痛下場」，除了提供優渥的薪資之外，也不能缺少提升員工的幸福度，讓每個人發揮出最大潛力的「人本管理」。

這不僅適用於商務領域。二〇二三年十月，岸田首相也在國會的施政方針演說上，提到了發展「幸福度」的重要性。

在接下來的時代，提升每個人的幹勁、希望與幸福度的well-being，應該也會在行政與教育等領域成為逐漸受到矚目的關鍵字。

※譯注：美國四大科技巨頭Google、Amazon、Facebook和Apple的縮寫。

「幸福體質」是由每天的小小行動所形成的

可能有人會心想：「可是我在公司從來沒聽過什麼幸福度。」「感覺要很久以後才能實現。」

不過，重點不在於「公司會為我們做些什麼」，而是「自己想要如何工作」。不要等別人幫自己做些什麼，請自主思考自己想做什麼，從辦得到的事情開始展開行動。人生是刻不容緩的。你自己人生的幸福度，可以由你親手慢慢提高。

要採取什麼思考、行動和習慣，讓自己能夠幸福地工作，全看你自己，要創造多少個都可以。其實，無論身處什麼樣的環境都能夠打造「幸福體質」的最簡單方法，是一個任何人都可以馬上開始做的小小行動。

有一名長輩來參加我的講座。那名長輩平時愛抱怨又悲觀消極，多年來一直與家人相處不睦，工作上也有許多煩惱。他不聽旁人的建議，處於完全封閉內心的狀態。

此時，我建議他做一件事，就是「每天寫下一行感謝自己的文字」。寫的都是「感謝今天也出門上班的自己」、「感謝協助某人工作的自己」這種微不足道的事情。最初他還是半信半疑，也和以前一樣渾身充滿負能量。

然而，做這件事三百零三天之後，他的內心終於出現了變化。

應該是因為每天都想一次自己的優點和積極面，他終於能夠自然地接納自己。不再那麼緊繃、在公司受到信賴，與家人相處不睦的情況也解決了。另一半也流著淚對他說：「你的表情都不一樣了。」似乎打從心底為他感到高興。

聚焦於每天微不足道的「小小行動」，才能夠順利改變自己，不用把事情想得過於複雜，或是內心不認同卻選擇逞強、忍耐。訣竅就是不要把神經繃得太緊，輕鬆快樂地持續下去。

從下一章開始，就會依照「WORK（工作）」、「LEARN（學習）」、「MIND（心靈）」、「RESET（調適）」、「BODY（身體）」、「LIFE（生活方式）」、「DREAM（夢想）」的順序，介紹打造幸福體質的七十三個建議的小小行動與思想清單。

每一件事分開來看都是沒什麼大不了的事情，但大多都是經過幸福學、正向心理學等研究佐證的。請各位帶著輕鬆的心情，從感興趣的部分開始嘗試，找到適合自己的行動吧。

如果本書能幫助各位踏出提升幸福度的一小步，那將是我最大的喜悅。

提升「幸福度」的73項練習

目次

2 LEARN 因學習而滿懷期待。

3 MIND 保持心理健康。

6 LIFE 設計生活方式。

7 DREAM 實現夢想。

1

WORK

透過工作
找到幸福。

打造幸福的職涯

對我們這些勞動者來說，是否能每天都帶著期待的心情面對工作，是影響幸福度的一大要因。

而「幸福四因子」就是此時能派上用場的一個簡單基準。幸福學的調查與研究發現，每天的工作和私生活中的這些因子滿足度愈高，一個人的幸福度就會愈高。讓我們依序來看看。

第一個是「試試看」因子，也就是挑戰的心。是指面對眼前的課題以及未來的目標或理想時，能萌生「試試看」念頭的狀態。這個狀態有助於成長和自我實現。

第二個是「感謝」因子，也就是感恩的心。是指發現自己受到別人幫助時，能產生「感謝」心情的狀態。實際感受到自己與身邊人們的連結，有助於帶給他人喜悅。

第三個是「船到橋頭自然直」因子，也就是樂觀的心。是指就算遭遇困難，也能產生「雖然很辛苦，但總會有辦法」、「雖然失敗了，但沒關係」這種想法的狀態。想要積極面對有苦有樂的人生，這種態度是不可或缺的。

第四個是「活出真我」因子，也就是活得像自己的心。是指不隨波逐流，能認為「別人是別人，我是我」的狀態。關鍵在於是否擁有不會拿自己和別人比較、不會被別人的評價牽著鼻子走的堅定自我認同。

工作是我們人生的基礎，我們會投入許多時間和能量在工作上。為了獲得更多快樂，我們不能忘記自己的特質，要保持樂觀，偶爾借助身邊人們的幫助，去解決困難的問題。我們要重視這樣的態度。

這正是「試試看」、「感謝」、「船到橋頭自然直」、「活出真我」。

WORK

01

用期待的心面對每天的工作

我扮演著什麼角色？

這件事有什麼意義？

養成用樂觀視角看待這些事的習慣。

「總覺得最近很無聊。」

「這份工作一直做下去是有意義的嗎？」

我們每個人都被要求，要盡可能高效率、俐落地完成工作，並為了回應這份要求而每天辛勤工作。在這層意義上，無論是什麼工作，最後自然都會習以為常，變成例行公事。

應該有很多人會困惑，首次面對工作的緊張感、順利完成困

難任務的成就感究竟去哪了。

大家聽過「工作塑造（job crafting）」嗎？它的意思是，不要只把工作當成「別人交代自己做的事」、「待處理的事」，要用自己的方式將其重新詮釋為「具有某種意義的事」、「有助於成長的事」。

「對於自己現在所屬的團隊、部門、公司、社會而言，自己的工作有什麼意義？」接著再思考：「對自己而言，這又具有什麼意義或價值？」

我們必須具備這樣的觀點，才能感受眼前工作的意義，並帶著享受的心情處理。

WORK

02

找到自己的「強項」

就算不是第一名也沒關係，任何「自己擅長」、「想要嘗試」的事情都可以。

進行職涯規劃時，一定會被問到「你的強項是什麼」這個問題。應該不少人都不認為自己有強項，並感到困擾吧。

不過，「強項」不一定要是受讚賞的、或亮眼的技能。

強項並不是來自別人的評價，而是透過自己的感覺找出來的。所有你想要「試試看」的事情、內心感到期待的事情，都是你的「強項」。就算

在團隊或部門中不是第一名，**只要你認為它是你的強項，就可以大大方方地宣稱**。

說得極端一點，只要你能享受其中，就算不擅長也沒關係。甚至就算從來沒有挑戰過，只要你有想嘗試的念頭，就足夠完美了。「期待的幼苗」是讓你能夠幸福工作的訣竅。

如果你無論如何就是找不到自己的強項，那我推薦你去做做看網路上的心理測驗。

若是找到了自己的強項，請務必找到並挑戰能夠發揮該強項的工作。如此一來，你應該就會慢慢成長。

WORK

03

不要放任自己加班和帶工作回家

只有年輕時
能把所有時間
都花在工作上!!

「喜歡工作」、「想趕快提升能力」。

這樣的人容易不小心就加班或把工作帶回家。雖說付出與成果成正比，乍看之下好像沒問題，但從長遠的目光來看，這未必是一件好事。

我們能夠把工作當成重心的時期是有限的。一旦開始生產、帶小孩、照顧家人，就必須在更短的時間內拿出成果。

要是平時不留意提升自己的做事效率，遇到緊急狀況時就會陷入困境。

話說回來，若是把一天有限的二十四小時全都拿來工作，想出的點子也會變得愈來愈沒有創意。

無論如何就是很害怕停下來休息。這種心情我非常懂！

遇到這種情況時，請各位務必嘗試「限時挑戰」。舉例來說，「在下一件工作告一段落時」、「限時三天」挑戰準時下班。第四天以後恢復如常也沒關係。讓我們一起提高每個時段生產力的工作方式吧。

WORK

04

偶爾挑戰一下困難的工作

只要你覺得「試試看吧」、「總會有辦法的」，那去挑戰準沒錯。

沒有人喜歡在工作上吃苦。不過，如果一直只做熟悉的工作，就會停止成長。

偶爾挑戰一些有難度的工作，就會一下獲得許多以前未曾想過的全新觀點或知識。

不過，在嘗試這些值得挑戰的工作時，要特別注意以下兩點。

第一點，要在自己身心都足夠從容的時候進行。在不夠

從容的時候處理困難的工作，失敗率會比平時還要高。

第二點，**挑戰的難度要適當**。如果選擇了難度過高，不符合當下環境和實力的工作，會導致身心筋疲力盡。

判斷要不要接下一個工作的基準，就是想到要挑戰這個工作時，心裡不會感到擔憂與恐懼，而是覺得充滿期待、「總會有辦法！」。如果是在日常業務中加入一點新挑戰的程度，就能以最理想的比例獲得成長與成就感。

WORK

05

在心流狀態下專注處理工作

擅長的工作
自然不用說，
不擅長的工作
也能順暢進行♪

各位是否有過全神貫注，轉眼時間就過去了的經驗呢？

這種狀態稱為「心流」。與覺得工作好枯燥、好無聊的狀況正相反。應該有很多人都希望自己工作時能一直保持心流的狀態吧。

要進入心流狀態，必須具備工作的意義和目標，以及適中的難度。換句話說，就是要做的事情是否明確、是否擁有

自己正在做一件有意義的工作的感覺。在做喜歡的工作時會比較容易進入心流狀態，就是因為滿足了這些條件。

那麼，不擅長或找不到意義的工作，難道就只能心不甘情不願地做嗎……不是這樣的。因為**工作的意義會依我們看待它的方式而改變**。

比如說，試著把這個工作命名為「〇〇大作戰」怎麼樣？就像打倒怪獸一樣，我們會下意識地認為打倒它這個行動本身是有意義的。創造出能順暢處理工作的條件，也是工作的一環。

WORK

06

團隊成員互助合作

遇到困難的時候
要彼此幫忙。
拓展互助合作的範圍，
打造友善職場。

人在職場，應該都會遇到同事、主管、下屬陷入危機的時候吧。應該也都曾經猶豫過要不要伸出援手，心想「自己已經夠累了，不想再增加負擔」、「這和自己的業務沒有關係」、「要是人家覺得我多管閒事，就得不償失了」。

即使如此，我還是建議各位出手幫忙。因為為別人提供支援、為團隊做出貢獻，最後

都會回饋到自己身上。

有的團隊成員之間會彼此互助合作，有的則不會。要說在哪一種團隊裡工作起來比較放心，那會是前者。當心理安全感提高，合作就會愈來愈順利，團隊的績效也會提升。就算現在還沒有，只要由你自己慢慢打造出一個「友善團隊」就好了。

我們一生中待在職場的時間很長。正向積極的力量會漸漸蔓延到整個團隊。把職場改造成讓自己待起來舒服的地方，是通往幸福的捷徑。

WORK

07

試著當主管

無須一個人埋頭努力。主管的工作是激發團隊成員的潛能。

很多人在得知自己有可能要當主管時會感到退縮。

「自己的能力可能不夠」、「要是被認為無能怎麼辦」、「感覺會沒辦法兼顧家庭」，這種不安的心情我能理解。

不過，當主管的經驗是拓展自己視野的絕佳機會，建議各位挑戰看看。

其實，能夠坦率承認自己能力不足的人更適合當主管。

會這麼說是因為，光是辦事能力好，是沒辦法當主管的。

認可團隊成員的優點，建立良好關係，並讓每個人發揮出最大的潛能，才能建立一個績效好的團隊。

激發大家的潛能，需要的並不是「能一個人處理好一切的主管」，而是「知道光靠自己做不成任何事的主管」。

認為「自己能力不足」的你，更應該去當當看主管。

WORK

08

找到值得信賴的心靈導師

會設身處地傾聽自己煩惱，並給予建議的可靠夥伴。

當我們對工作或職涯感到煩惱不安時，有個能夠諮詢的心靈導師會非常有幫助。

用「你覺得怎麼樣？」這個問題，促使我們察覺自我的教練※當然也很棒，但如果有一個更能接住我們的情緒，有時候還會給予具體建議的心靈導師，會更令人放心。

尋找心靈導師的重點在於，不一定要找個性或職涯與

自己相似的人。無論是誰，都無法走上與另一個人完全相同的職涯。如果你照著前人的建議行動，最後卻沒能得到相同的結果，豈不是更失望嗎？

當你感到煩惱與不安時，需要的是一個能設身處地為你著想的人。一個認可真實的你，願意聽你說話的人。一個在必要時會分享自身經驗或給予真誠建議的人。

擁有好幾個心靈導師當然也沒問題。找到「可靠的心靈導師們」，在遇到困難時盡量依賴他們吧。

※ 譯註：Coaching，意即協助學習者達成特殊的個人、專業目標之方法或技術。

WORK

09

每年盤點一次工作經歷

不管現在的工作順不順利，都要記得回顧。

當我們被日常工作追著跑的時候，很容易失去回顧自己工作經歷的機會。

因此，請每年安排一段時間，思考自己目前的成長狀況、未來想如何發展。

最簡單的方法就是在轉職網站上註冊會員，並撰寫網站上的履歷表。先不管是否真的要轉職，就抱著自己現在要去面試工作的心態來撰寫。

「在這一年的工作中，我得到了哪些新的經驗」、「技能」、「證照」、「接下來想嘗試的事」……這應該會成為讓你重新審視自己職涯的契機。

除了正面的事以外，也一定要回顧不順遂的事。用「可以從這件事中學到什麼？」的觀點思考，就會察覺「自己連這樣的事也撐過來了」、「下次試著這樣做做看」等事情。

當然，不是只能一年一次，每當工作告一段落就更新資訊也OK。記錄在自己中意的筆記本上也不錯。

WORK

10

透過調動和轉職獲得幸福

與其忍氣吞聲地站在原地，不如先試著踏出一小步。

在工作方式改革的推動和新冠疫情大流行的影響之下，彈性工作方式看似取得了大幅的進展。然而，其實每間公司的情況還是有著很大的不同。

彈性工時、遠距工作、充足的假期、補助進修費用、縮短工時、充實的員工福利、重視工作生活平衡……應該有不少人看到這些琳瑯滿目的制度，都會羨慕地嘆氣吧。

如果此刻你覺得「待在這種職場好痛苦，工作環境真不友善」，請務必把轉調或轉職的選項納入考量。無論你是正職員工還是約聘員工，無論職位和薪資如何，都一樣。

也許有些人會覺得「我不可能轉職成功」、「還有很多環境比這裡更差的地方」，因而躊躇不前。不過，現在這間公司認為「理所當然」的業務，到了別的公司，有可能會被認為「你竟然連這種事都會!?」，讓你得到很高的評價。

痛苦的感覺，有可能是改變你人生的重大機會。

WORK

11

了解自己

自己想怎麼做？
別人怎麼看？
在了解這兩點後，
採取現實的行動。

各位在公司裡，是不是滿腦子想著要如何為團隊或組織做出貢獻，而把「自己想怎麼做」的想法擺在最後呢？

所謂「自我意識」，是指對自我的認識，了解自己、知道別人如何看待自己。自己的想法、情緒、需求、長處與短處、價值觀、別人的評價、成長經歷……這是追求理想職涯不可或缺的出發點。

2

LEARN

因學習
而滿懷期待。

何謂追求興奮感的「成人學習」？

人本原本就是一種熱愛學習的生物。研究表明，覺得自己每天都在成長的人，與幸福度高的人之間存在關聯。

透過學習，我們會獲得新知、想到某個點子、學會原本不會的事……為了體會這種成長帶來的愉悅感，學習對我們的幸福來說是不可或缺的。

有些人對學習有著「很累」、「需要錢和體力」、「不得不做」之類的負面印象。

從學生時期就根植於腦中的填鴨式「學習」印象，也許很難消除吧。

不過，學習本應是更加自由的一件事。無論是工作還是私生活，只要往自己感到興奮的方向前進，就稱得上是「學習」了。

說得極端一點，就算學習的成果派不上用場，也完全沒問題。只要我們對於藉由學習更新過後的自己感到滿足，這次的學習就十分有意義了。

學習可以來自任何地方。比如每天的工作、每天的小習慣、新認識的人們……只要用「這似乎很有趣！」的觀點去觀察，即使是路邊的雜草、前往幼兒園路上的小朋友，應該都能讓你找到新的發現和啟發。

善於學習就等於容易感到期待。「自己採取行動並學到新事物」的這份自信，會引領你邁向更深一層的學習。不斷累積下去，你身上就會形成一種沒有人模仿得來、獨一無二的「個人特色」。

LEARN

12 學習並不是終點

如果把讀書當成目的，不管花多久時間，都無法做到想做的事。

想挑戰新事物的時候，必須學習知識和技能。

不過，如果你認為「要先好好學習再開始」、「只要學習並考到證照，就會船到橋頭自然直」，那就大錯特錯了。

例如，如果有人認真想學習教練技術，那他的學習應該不會侷限在課堂裡吧。那個人應該早已在職場的人際交流中實際運用過教練技術。絕對沒

有「沒學過就不會」這回事。學習或考證照，充其量只是通往目標的手段。如果把這些事情當成目標，就會遲遲無法做到自己想做的事，可說是本末倒置。

學習全新領域的知識，就是為了全新的興奮感而邁出腳步。為了武裝自己、為了得到別人的讚揚，光憑這些理由是沒辦法快樂學習的。

人生有限，讓我們把有限的時間和金錢，用來讓自己展露笑容吧。

LEARN

13

向身邊的人學習

「這個人的這一點好棒！」職場堪稱學習的寶庫。

說到學習，大家很容易想像到坐在書桌前讀書的畫面。不過，我們也可以從工作認識的人身上，學到很多事情。

有些人可能會說：「我身邊沒有值得尊敬的人。」然而，在學習這件事情上，不能缺少的並非傳授知識的「老師」，而是想要學習的心。

學習的對象不一定要是自己尊敬的人，或是與自己交情

好的人。說得極端一點，就算對象是陌生人也行。哪怕是你偶然注意到的人或工作，也沒問題。

同事突然說出一句體貼的話、團隊共享的客戶簡報資料內容、其他部門寄來一封面面俱到的確認信、主管與難搞對象成功談成一筆交易的談判能力……職場堪稱學習的寶庫。

即使是合不來的人、資歷比自己淺的人，也是一樣。自己每天能從眼前的人身上得到多少收穫呢？請試著以這種觀點看待「學習」。

LEARN

14

從自己的經驗中學習

無論事情順不順利，都要把經驗活用在下一次，為自己進行版本更新。

在工作的過程中，不僅可以從身邊人們身上學習，也可以從自己的工作中學到很多。

例如被交付新業務的時候。要找誰一起、用什麼步驟做哪些事，如果你是靠自己反覆嘗試，最後順利完成任務的話，應該可以從這次經驗中學到很多。若是因為期限之類的嚴苛條件而吃了不少苦，不管最後是否順利完成，這都會成

為將來能夠運用的寶貴經驗。

建議各位在事情告一段落的時候，回顧這整件事情，把「過程中解決問題的方法」等事情筆記下來。

從中學到的教訓，一定能活用在平時的工作上。如果工作變得比以前更流暢，那就是你學習所得到的成果。即使你覺得「沒有人願意指導我工作」、「我已經對現在的工作瞭若指掌」，只要有心，還是可以學到很多事情。

像是學習專案管理、專業知識或電腦技術等，每天為自己進行一點「版本更新」吧。

LEARN 15

自學？上課？

無須拘泥於一開始選擇的方法。只要能夠快樂學習，用什麼方式都OK。

想要學習新事物的時候，要找人教還是自學呢？這是個令人煩惱的問題，但我認為這個問題沒有正確答案。

如果你對「從哪裡學、怎麼學、為何要學」感興趣，那就自學。如果你無法描繪出學習的輪廓，那找人教會比較方便。然而，也不必拘泥於最初選擇的方法，根據狀況和進度調整，才能維持學習的樂趣。

LEARN 16

透過書籍或影片學習

掌握基礎概念後，就先實踐。僅針對必要的部分隨時更新。

書籍和影片是很容易取得的學習工具，但是不必學完全部。通常來說，在理解基礎知識後直接開始實踐，能夠學得更深入。

比如說，從書店架上陳列的大量書籍中挑選「看起來最簡單的一本書」，並吸收其中知識。接著直接實踐看看，再繼續學習在意的部分與想了解的部分，會比較順暢。

LEARN 17

透過研討會或學校學習

即使身處未知領域，只要掌握學習步調和進度，就可以放心。

如果是較難自學的事物，也可以去參加課程或研討會，當作投資自己。這樣會更容易掌握學習步調和進度。

在新冠疫情爆發以後，線上講座變多，形成了很方便學習的環境。當然，如果有機會也可以考慮實體課程。在與他人共享同樣的地點與時間時「透過五感學習到的知識」，能夠深入地內化在你心中。

LEARN 18

從公司外部或不同業界人士身上學習

對方是怎麼看自己的？
對方在自己眼中是什麼樣子？

我也很推薦在活動或交流會上認識公司外部的陌生人。可以找職業類型或產業與自己不同的人，找職業類型相同（例如業務）但是產業各不相同的人也很有意思。

很多時候就算看了對方名片上的頭銜，還是很難想像出對方的工作內容。光是互相進行自我介紹，就能得到許多收穫與發現。

LEARN 19

在國外學習不同的文化

接觸多元的價值觀，獲得靈活的思維吧。

在國外生活要擔心很多事情，比如治安和幣值的變動。不過如果有機會，我很推薦大家挑戰看看國外生活。

去國外生活的好處，就是能夠將視野拓寬到前所未有的程度。

例如，世界各國的人們是如何面對工作的。會有人死命地埋頭工作嗎？還是比較重視工作與生活的平衡？

人與人之間的相處方式也很值得注意。我們日本人通常都認為「最好不要與別人起衝突」，然而世界上也有許多人認為這種態度是「錯誤」的。

來到不同的國家，社會認為正確的行為舉止會有一百八十度大轉變，這可以說是理所當然的。

「我以前總是覺得非這麼做不可，原來不是這樣啊」、「原來不管這些事情也可以活下去啊」……

不斷發現這些事情後，也許就能順利擺脫過去難以擺脫的各種「理所當然」詛咒。

LEARN

20

掌握「堅持力」

努力比才能更重要。
要想辦法
快樂地持續下去。

開始學習一件事情後，一定會遇到撞牆期。成長並非等速，肯定會在某處暫時停滯。

這時候的關鍵，就在於「Grit（恆毅力）」，也就是不會認為「自己不適合」、「沒有才能」而半途而廢，能堅持到底的毅力。保持目的與興趣，並有意識地練習自己做不到的事，抱持著總有一天能學會的希望，快樂地持續下去吧。

3

MIND

保 持 心 理 健 康 。

透過「網路測驗」
自行確認心理狀態

為了過上幸福的日子，我們必須保持積極且滿足的心理狀態。自己的內心現在處於什麼狀態？感覺多幸福？有各式各樣的心理測驗可以判斷內心的幸福度。本書開頭介紹的迪安納博士「人生滿意度量表」也是其中一種。

除此之外，還有幾個基於正向心理學研究設計而成的測驗（https://www.authentichappiness.sas.upenn.edu/zh-hant/testcenter），不過我也推薦根據日本人特質設計出來的幸福度測驗（Well-Being Circle，http://www.lp.well-being-circle.com/）。目前做過這個幸福度測驗的人次累計已達十七萬。

不管你做的是哪一種測驗，都不要「只做一次」，建議定期做測驗，監控自己的心理狀態。

如此一來，你就能更加正確地掌握自己的心理狀態和內心的習慣，也可以確認每天為了幸福而採取的行動所得到的成果。請各位務必以三個月～半年為周期，定期進行測驗。

有一件事很重要，那就是不要以分數的高低給予評價。並不是「高分就很棒，低分就不好」。「自己比上次幸福了多少」才是我們該關注的重點。

「因為做了這件事，所以這部分變好了。」

「下次試著更怎樣一點。」

像這樣自己摸索嘗試，一步一步實踐提高幸福度的行動吧。

「測驗」自己的心理狀態，逐步採取讓自己變得更好的「行動」。不斷重複這個循環，就能漸漸培養出幸福體質。

MIND

21

人際關係會因你的應對方式而改變

討厭的主管、同事、客人。這樣下去只會讓自己痛苦。

和不對盤的人一起工作會很有壓力，對吧？如果對方是每天都要見到的主管或同事，甚至還會讓你的工作表現難以提升。

大多數與討厭的人共事時發生的問題，都是把對象換成親近的朋友就不會發生的問題。「為什麼會這樣？」、「怎麼做才能改善？」如果身處可以輕鬆提出這些問題的環境，

事態應該就不會惡化。

討厭對方的心理，會讓我們減少與對方的溝通，導致兩人共同負責的工作有所不順。當工作不順，就會更加聚焦於對方不好的一面，內心的距離愈離愈遠，陷入惡性循環。

這樣下去，日子只會更加難過。如果對方沒有要改變的意思，不妨鼓起勇氣，由自己邁出改善關係的一步吧。

不要過度地用負面角度解讀對方的言行。不要因為討厭就選擇逃避，要主動敞開心胸與對方相處。不要被氣氛影響，用專業的心態面對吧。

MIND

22

主動打招呼

不管對方有沒有回應，都先持續一陣子吧。

我推薦的改善關係方法，就是主動打招呼。一開始，對方可能會不知道該如何反應而無視你，或擺出冷漠的態度，但是過了一陣子，對方應該就會開始回應了。

接著，只要你對那個人產生一點點的好感，那就成功一半了。摒除成見後，你就會漸漸看到那個人的優點。

MIND 23

在意見衝突的隔天趕快找對方說話

想解開心結，就要先下手為強。

大家應該都有一些以自己的工作為榮，因而無法妥協的堅持吧？不過，也有可能因此與別人產生衝突。

這時候如果要解開心結或消除尷尬，就得先下手為強。隔天見面時，主動向對方搭話吧。「昨天謝謝你」、「因為這件事很重要，還好有說出真心話」，只要坦率地表達自己的心情，對方肯定會理解的。

MIND

24

先深吸一口氣再回信

在處理負面事件時，要特別注意。

工作上的郵件往來，有時候會演變成負面的交流。遇到這種情況時，不管你認為自己的措辭多麼謹慎有禮，都請放到隔天再重新審視。

重新審視的時候，不光要注意婉轉的表達，還要考慮對方的立場和事情的不同面向。如果能有「如果我是他，可能也會說出這種話」這種想法，那麼對方應該也不會把內容解

讀得過於負面。

根據情況，有時候直接見面或是利用電話、視訊電話，進行雙向溝通會更好。也許你會發現，是自己過於悲觀了。

溝通不能只考慮如何表達，對方如何解讀也非常重要。對方如何解讀，會影響我們之後與對方的相處模式。

別人常常說我「太樂天」（笑），但是不管面對什麼話語都「過度樂觀解讀」其實剛剛好，以結果來看，事情通常都會進行得很順利。

MIND

25

不要對工作上的失敗耿耿於懷

耿耿於懷，
只會讓你再度犯錯
或陷入沮喪，
百害而無一利！

每個人難免都會在工作上犯錯。不過，我們很容易一不小心就開始責怪自己或別人，對吧？

只要是人，都無法避免犯錯。無論是能力優秀的人，還是能力不好的人，都會輪流犯錯，不妨先做好這個心理準備。不管是自己犯錯，還是別人犯錯，都只是剛好「輪到他了而已」。

當然，有時候我們也會犯下無法找藉口開脫的重大失誤。這種時候，就要先道歉。

接著思考以下三點，①為什麼會發生？②同樣的狀況是否有可能再度發生？③如果有可能，要怎麼應對？

仔細思考過後……**就可以把這件事情忘掉了**。

如果還是耿耿於懷，就暫時從那段記憶中徹底抽離，刻意創造一段能讓自己打從心底展露笑容的時間。可以看搞笑節目，也很推薦找能夠放心暢聊的朋友們一起喝酒。

MIND

26

寫「好事日記」

調整過度偏向負面的天線。

如果這段時間心情一直感到莫名憂鬱，請試著開始寫「好事日記」。

這是正向心理學的研究學者——賽里格曼（Seligman）博士介紹的著名方法。只要在每天睡前，寫下當天發生的三件好事並描述原因就好了。

一開始，可能要花不少時間才能寫出三件好事，不過，你接下來會慢慢開始能夠想到

很多好事，甚至需要煩惱「該挑哪幾個來寫」。

為了保護自己，無論是誰都會對負面事件非常敏感。但是如果對負面事件變得過度敏感，感知正面事件的天線就會退化，導致感受幸福的靈敏度愈來愈遲鈍。

當你透過這項作業，變得更善於找出正面事件後，就會感受到更多的幸福。報告結果顯示，只持續一個星期，接下來半年的幸福度就會提升，憂鬱傾向也會得到抑制。

讓我們一起打造出不會輕易氣餒、開朗又堅強的心吧。

MIND

27

寫「感謝日記」

察覺大家為自己做的事。

想要找回感受幸福的能力，我建議各位嘗試書寫「感謝日記」。

方法很簡單，只要寫出三件當天想要感謝某人的事情就好。當然，無論是多小的事情都可以。

如果想不到任何該感謝別人的事，也可以寫「自己又活過了一天」、「享用了美味的飯菜」。你應該會清楚地意識

到，那些自己認為理所當然的事，其實是無法靠自己一個人完成的。

一旦察覺「其實有很多人對我伸出援手」，內心就會覺得暖暖的，充滿幸福感，對吧？研究結果顯示，光是如此，就能提高正面的情緒和自尊心。

內心充滿感謝的人，一定能夠親切待人。只要親切待人，幸福度就會進一步提升，形成良性循環。

直接向當事人表達感謝之情，效果會更好。也可以試著打電話或寫信向對方道謝。

MIND 28

寫出「擔憂的事」

利用書寫冥想，整頓內心的煩悶與擔憂。

當你持續對工作感到擔憂與壓力時，請試著鼓起勇氣把「自己現在的真實心情」寫在紙上。

這個方法稱為「日記療法（journaling）」。就算是有點粗俗詞語，也請老實寫下來，第一步就是要好好承認自己真實的心情。

寫完後，應該會覺得像是找人傾訴過一樣，感到神清氣

爽。不過，一定要把寫下來的內容處理好，要上鎖或丟掉都行，千萬不能讓別人看到。

如果寫完後還是覺得很在意、耿耿於懷，就自己思考解決對策。為了防止事態惡化得太嚴重，請積極採取行動。

舉例來說，把自己胡亂抒發心情的紙張命名為「〇〇傾向與對策」、「〇〇大會」。這麼一來，無論狀況多麼複雜，也會開始覺得自己能帶著愉快的心情去解決，對吧？

接下來，在自己左思右想的過程中，就會漸漸找到滿意的答案。

MIND

29

刻意擺出笑容

不經意地看了眼鏡子，
發現自己竟然面無表情。
察覺自己變成這樣
的時候……

心情沮喪的時候，更要刻意擺出笑容。根據研究，當嘴角上揚（＝露出笑容），大腦會判斷你遇到了好事，於是分泌幸福賀爾蒙。還真是「不是因為開心才笑，是笑了才開心」。

訣竅就是用整張臉做出笑容，包括眼睛。事先準備一些好笑的影片或文章，在沮喪的日子拿出來看也是個好方法。

MIND 30

採取「小小的親切行動」

與周遭的人
建立小小的連結，
藉此找回活力。

親切待人，感受到自己能幫上別人，可以提升自我肯定感，不僅會更容易與別人建立關係，內心也更加穩定。

「身體感覺怎麼樣？」、「還好嗎？」光是這樣問候幾句，就能讓對方感到開心。單純地隨手撿垃圾也可以。

「一天一次」、「今天要專注進行這件事」，據說像這樣有意識地實踐，效果會更好。

MIND

31

對自己好一點

在對別人好之前，
要先對自己好。

全力以赴地處理眼前事務時，總會不小心忘了照顧自己。以工作、家庭、別人為優先，一不小心就把自己放到最後。這樣下去，就會逐漸忘記自己到底是為了什麼而努力。

有一個詞叫自我關愛，意思是「就像為別人著想時一樣，也要為自己著想」。有意識地慰勞自己，能夠提升自我肯定感和幸福度。

我們都生活在為別人著想的心（利他）和為自己著想的心（利己）之間的微妙平衡上。為了不偏向其中一方，我們必須調適內心，才能保持內心的幸福。

為了維持身體健康而透過食物攝取營養是很重要的，那要怎麼做才能維持心理健康呢？例如，**體貼自己的溫暖話語和鼓勵**。

「厲害的嘗試」、「太棒了！」、「我真厲害」……不等別人稱讚自己，也可以自己找出自己的優點，讓自己變得愈來愈擅長稱讚。

MIND

32

也要接受「沒有答案的事情」

不是每件事都非得馬上解決。

面對工作、人際關係、人生中的難題，要是一心想著「非解決不可」而急著處理，有時反而會形成巨大壓力。

遇到這種情況時，希望大家記住「消極能力（Negative Capability）」的概念，意即就算面對找不到答案的不安感，也要先接受事情的現況。

就算覺得「事情進行得不順利」、「搞不太懂」、「總覺得

怪怪的」，也只是「很難馬上解決」而已。無論處在多麼困難的情況下，只要相信「總有一天會解決的」，內心就會安定下來，慢慢找回冷靜。

假設你現在手上有一個進展非常不順利的大型專案。你未必能立刻改善與配合度不佳的部門之間的關係。

不過，只要把這件事放在心上，也許**總有一天會等到能大幅改變現狀的契機**。

遇到問題時，就算無法當場解決，也無須感到焦急。不要放棄，讓我們積極樂觀地站穩腳步，等待機會來臨吧。

MIND

33

把壓力當成助力

雖然很痛苦，
但是成功堅持了下來。
這樣的經驗
會成為你的英勇事蹟!?

每個人都想盡可能避免壓力，但是完全沒有壓力的話，就會失去挑戰的機會，讓日子變得無聊又沒有成就感。

不會在逆境中崩潰，且能重新站起來的堅強心理素質，稱為「心理韌性」。只要具備心理韌性，就能從逆境中學到許多事情。遇到痛苦的事情時，就是成長與飛躍的機會。請參考本章介紹的幾個做法。

4

RESET

舒緩緊繃的情緒。

情緒緊繃的時候
更要打開「好心情開關」

我們總是很忙碌。如果只是過著每天被行事曆上的事務追著跑的日子，幸福只會離我們愈來愈遠。

在這種情況下，我們更要認真思考該怎麼做才能讓自己保持快樂。在艱難的時刻，如何刻意讓自己放鬆，找回身心的活力，正是幸福的關鍵。

這時候，如果你的腦中浮現「只要不工作我就會開心」、「要是那個討厭的人能夠消失就好了」、「只要這個病沒有痊癒，我就不可能感到舒服」這些想法，就要多多留心了。會這麼說是因為，這代表你的心情現在是由自己以外的其他人或事在控制的。

因此，請各位平時就要慢慢尋找自己的「好心情開關」，並儲備起來。可以的話，建議找一些不用思考或說話，就能夠瞬間轉換心情的東西。改變環境、利用感官，這些用身體感受的事物，比任何言語都能直擊自己的身體與心靈。

舉例來說，我非常喜歡香草茶。預計要開一整天zoom會議的那天，我會事先用鐵壺燒好熱水，沖泡珍藏的香草茶，擺在電腦旁邊。

在會議與會議之間的五分鐘空檔啜飲一口，幸福的味道與香氣就會在口中擴散開來。不要想著「只有五分鐘」，試著想想看「有五分鐘的話，可以做些什麼來讓自己心情變好」，如此一來，就會產生「雖然很辛苦，但是喝了香草茶之後覺得好幸福！」的想法，能夠精力充沛地面對下一場會議。除此之外，還有喜歡的香氛、每天運動、美味的甜點……擁有愈多好心情開關，就愈容易應對各種狀況。

本章介紹的開關只是一小部分的例子。請在下次休假時出門逛街購物，尋找可以作為自己「好心情開關」的東西。

RESET

34

找個中意的「偷懶地點」

感到疲倦時、感到煩惱時、想不出點子時，能讓自己安心的地方。

工作的空檔、家事的空檔，或是偶爾的休假……你的身心每天都全力以赴地努力著。請各位務必找幾個能夠放鬆心情的偷懶地點，為長時間投注心力而感到疲憊不堪的時候做準備。

例如，公司的逃生梯、住家附近小巧溫馨的咖啡店、百貨公司裡沒有人的化妝台。附設座位區的便利商店，也很適

合作為在工作空檔稍事歇息的地方。

如果可以稍微出一下遠門的話，也很推薦前往機場或鐵塔。在高樓層的咖啡廳或酒吧望著天空放空，有時能夠轉換心情，心想：「自己可能為了一件小事煩惱過頭了……」

構思工作點子時也是一樣，比起在辦公桌前絞盡腦汁思考，去散步、搭乘交通工具，改變一下地點，通常會更容易想出好點子。請找出幾個專屬於自己，在遭遇瓶頸時可以喘口氣的地方吧。

RESET

35

一個人悠閒享用午餐

擺脫充滿束縛的關係，
獲得自由的第一步。

應該有些人午餐都是和同事一起吃的吧。如果沒有特別原因，只是順勢而為的話，不妨鼓起勇氣，把午餐時間變成「專屬自己的特別時光」吧。

舉例來說，在芬蘭，有些人會每天安排一小時與自己獨處的時間，也就是「My time」。他們會在這段時間做運動、讀書、寫日記、全心投入興趣……擺脫繁忙的日常

生活，讓內心平靜，就能慢慢看見自己「原始」的樣子。

對於生活忙碌，尤其是有家庭的人來說，**獨處的時間是很寶貴的**。在喜歡的地方吃喜歡的食物，一個人沉思、辦事、學習、小睡。享受一個人的時光，能夠確實消除上午累積的疲勞。

就算勉強自己和別人待在一起，若是彼此心靈不相通，也只是徒增孤獨和疲憊而已。對自己來說，何謂舒服的狀態？為了明白這一點，就讓午餐時間成為一段與自己相處的珍藏時光吧。

RESET

36

在自己的座位輕鬆進行正念

想保持專注時、內心充滿雜念時，就要找回「當下」的感覺。

「正念」可以讓我們將意識集中於當下。這種手法可以讓我們與情緒保持一步的距離，客觀審視自己的身心狀態，因而受到許多人的關注。

然而……要經過相當程度的練習，才能習慣與正念運動過程中浮現的雜念相處。應該會有很多人在出現效果之前，就覺得「對我來說太難」、「無法持續」而放棄。

而我推薦的，是以葡萄乾和香草茶為媒介，借助五感之力來進行的正念法。相較於在什麼都沒有的狀態下馬上開始實踐，這個方法更不容易產生雜念，更容易保持專注。

請注意葡萄乾和香草茶的外觀、口感、香氣、觸感、滋味，以及吞進喉嚨時的感覺，並慢慢感受當下的身心狀態。

沒時間的時候，也可以只仔細品嘗第一口的滋味。這麼做可以重整忙碌造成的注意力散漫、心不在焉狀態。也很建議事先在辦公室準備好「用來進行正念的食品和飲品」。

RESET

37

接觸植物

人類也是動物。
被綠意環繞時，
身心都會放鬆下來。

如同前述，徹底運用五感能有效提高幸福度。比如說看著植物。目前已經知道視野中綠意所占的比例愈高，愈能減輕壓力，工作表現也會提升。

讓綠意進入視野的方法有很多。設定成電腦桌面是最簡單的，也可以種植觀葉植物、在散步時欣賞綠意。非常推薦放假時到山上走走。

RESET 38

用音樂自我調適

加油歌曲、放鬆歌曲、主題曲，建立自己的播放清單吧。

音樂會與記憶密切連結。依據自己的心情挑選「提升幹勁的音樂」、「對抗壓力的音樂」，就能幫助自己順利切換情緒。

很多運動員都會選一首在比賽前聽的「加油歌曲」。挑選專屬於自己的「〇〇歌曲」，在關鍵時刻利用聽覺調適身心吧。

RESET

39

用香氛找回自己的步調

瞬間重獲新生。持續尋找自己喜歡的香味，打開開關。

說到五感，想要轉換心情或冷靜下來的時候，利用嗅覺也很有效。

我建議將「想專注時」、「想提起幹勁時」的香氛裝在小包包裡隨身帶著。滾珠香水既不占空間，也不會因為噴灑而妨礙到別人。如果是用電腦工作的話，護手霜也是個方便的好選擇。事先準備一些喜歡的香氣吧。

RESET

40

摸毛茸茸的東西療癒自己

生氣、煩悶、
緊張、焦慮、
煩惱、憂鬱時的
救世主。

如果你覺得「最近缺乏療癒！」，請嘗試使用有絨毛或人造毛皮等「毛茸茸」的包包、圍巾、化妝包或手機殼。

研究結果顯示，這會讓人體分泌有幸福賀爾蒙之稱的催產素和血清素。

只要用手稍微碰一下，就會瞬間得到療癒。壓力大到喘不過氣的時候，試著輕輕摸一下吧。

RESET

41 在美術館只看一幅畫

「必須全部看完」是錯誤認知。要如何欣賞作品，全憑個人選擇。

想要遠離繁忙的日常生活，為心靈排毒時，推薦各位去接觸藝術。

欣賞藝術的方式當然是因人而異的。舉例來說，我先生去美術館的時候，只會仔細看一幅畫。

參觀美術館的企劃展時，大多數人都會依序欣賞每一幅作品，但是這未必是個好方法。假設旅遊的時候，以分鐘

為單位，把行程塞得滿滿的，就沒辦法好好享受那片土地了，對吧？同理，匆匆忙忙地看完全部的作品，最後可能根本不會留下印象。

所謂「正確」的欣賞方法，其實只取決於你感覺有多自在。這幅作品的哪個部分觸動了你？讓你產生了什麼感覺？在與作品相處的時間裡，能讓你透過藝術重獲新生。這或許比正確掌握作品的創作背景以及作家的思想，還要更加重要。

RESET

42

來一場姊妹聚會，轉換心情

心情鬱悶的時候，就和無話不談的好友熱熱鬧鬧地聊聊天吧。

到目前為止介紹的，都是一個人就能進行的轉換心情方式，然而當日常的煩悶情緒始終縈繞在心頭時，務必要意識到自己與周遭人們的連結。

身在職場，難免會遭遇許多「不能接受」的狀況。舉例來說，因為公司方針的關係，我們有時候不得不去做違反自己原則的工作；也有可能因為客戶的意思，而無法貫徹自己

的堅持。

遇到這種情況時，就找一群相處起來無須顧忌的朋友，來一場好姊妹聚會，抒發心情。暫時從日常的煩惱和問題中抽離，讓自己處在可以做自己的情境中，可能會想出之前想不到的解決方法。就算沒想出來，這些願意接納自己的想法，不會急著否定自己的人，也是非常寶貴的存在。

不是一定只能與親近的人交流，也很建議各位參加興趣或學習的社群。過去從未有過的觀點和發現，會成為新能量的泉源。

RESET

43

來一場調適內心的旅行

從工作和日常生活中抽離，安排一段好好面對自己的時間。

我想應該有很多人都會在工作告一段落的時候，出門旅遊充電吧。誠心建議這些人下次休長假的時候，挑戰看看「避靜（retreat）」。

所謂的避靜，就是長住在自家以外的地方，藉由擺脫繁忙的日常生活，來放鬆、調適身心。這不是那種匆忙遊覽「觀光名勝」的旅遊，基本上是在雄偉的大自然中冥想、

做瑜伽、泡溫泉、吃簡單的食物，悠閒度日。

在大自然之中運用五感，過著無所事事的日子，會讓我們慢慢看見自己真實的樣子。自己的本質為何？自己在追求什麼？現在的煩惱從何而來？也許能找出這些答案。

最近也有些住宿設施推出避靜專用的住宿方案，傳統寺廟的住宿體驗也不錯。即使不做到這種程度，在長期旅行的幾天裡悠閒度日也可以。

正因為你每天都過得很忙碌，我才會建議你安排一段思考過去與未來的時間。

RESET
44

從事「推活」※讓每天都過得充實

愈樂在其中，
就愈幸福!?

你有支持的「偶像」嗎？比如喜歡的團體、人物、角色……我想有很多人都沉迷於此，包括觀賞影片、購買周邊商品、參加活動等等。

推活不僅會成為我們日常的療癒及勵志能量，同時也是一種能夠擴展視野、體驗未知事物，還能認識許多人的活動。請愉快地為自己充電吧。

※編註：偶像、角色應援活動。

5

BODY

從身體開始
變健康。

「有點辛苦但很好玩」的健康管理祕訣就是平衡

身體健康是幸福的基礎。學習、認識新朋友、美食、工作……作為幸福生活根基的大部分活動，都必須在身心健康的情況下才能實現。

然而，我們經常會把身心的健康擱置在一旁。此外，沉迷於工作、興趣活動的人其實也要多加注意。明明身心都發出了哀號，卻因為處在心流狀態而沒察覺到自己的疲勞，回過神來，就患上了筋疲力盡症候群，陷入憂鬱……這樣的狀況並不罕見。

個人認為，相較於認為「自己很健康」的人，認為「自己身體虛弱」的人比較不會勉強自己，因此生活相對健康。「小病保平安」這句話說得真有道理。

從小就被大家說是「健康寶寶」的人，通常會帶著這樣的自我印象長大，然後身體會慢慢跟不上年齡的增長，我本人也是如此。此時此刻，自己的身心需要什麼樣的工作方式和休息方式？希望自己能隨時捫心自問。

為了健康，希望各位留意三個基本，那就是睡眠、運動以及飲食。不過，只有痛苦的習慣是無法長久持續的。可以的話，請在準備好獎勵的情況下行動。以運動為例，你可以「下載走路就能集點的應用程式」、「散步到距離較遠的咖啡廳，喝杯咖啡」之類的。一開始，建立令人感到期待的機制是很重要的。

不限於運動，在幸福這件事情上，「平衡」比什麼都重要。如果因為「有益健康」而一直做艱苦的肌力訓練，導致自己開始討厭運動，那就本末倒置了。不要被社會的基準所束縛，有意識地維持能讓自己感到期待的步調吧。「有點辛苦但很好玩」的平衡感是最理想的。

BODY

45 不要犧牲睡眠時間

不要認為
「只是睡眠不足」
而掉以輕心。
這會對身心造成
極大的傷害！

想過上幸福的日子，絕對不能輕忽睡眠。我是夜貓子，非常喜歡熬夜，但是無論何時，我都會至少睡滿六小時。

這是因為，我曾有過痛苦的經歷。我以前拚命地想要兼顧事業與家庭，長期過著每天只睡兩小時的生活。在這之前，我很少會感冒，也不曾得過流感，對健康非常有自信。

然而，我某天突然發高

燒。燒到四十一度，住院超過一個星期。原因是積勞成疾，免疫力大幅下降。當時正值一個大型活動的前夕，這讓我深刻體會到睡眠有多麼重要。

一想到「很忙」、「該做的事還沒做完」，我們經常會先選擇犧牲最方便犧牲的睡眠。然而，有研究結果顯示，睡眠不足會妨礙利他的行動，也會造成身心受創。

想過上幸福的日子，睡眠是基本中的基本，請各位牢記於心。

BODY

46

好好攝取營養

難以擺脫
暴飲暴食和身體不適，
原因可能出在飲食。

應該有很多人因為忙碌，而每天都吃便利商店或速食店的食物，簡單解決一餐吧。

然而近年來，就算每餐都好好吃飯，還是沒有攝取到必要營養的「低營養」族群愈來愈多了。這就是熱量足夠，但是身體所需的蛋白質、維生素、礦物質攝取不足的狀態。

持續營養不足，就會對身心造成各種影響，例如疲倦、

感冒、貧血、便利、皮膚變差、體寒、煩躁易怒等等。身體想要營養，因此食欲增加，甚至有可能導致體重上升。

雖說如此，工作繁忙的時候，還是會想靠麵或丼飯這種能快速吃完的食物簡單解決一餐吧？這種時候，請確認飲食內容是否過度偏向碳水化合物，肉、魚、蔬菜的量是否不夠，花點心思讓自己在一天之中攝取到均衡的營養。

有句話說，我們的身體是由吃進去的食物所形成的。在關鍵時刻是否能以最佳狀態行動，全看你自己。

BODY

47

進食不過量的訣竅

全神貫注於
目前的食物。
找回原本的進食感。

「最近總是不小心吃了太多」、「明明覺得飽了卻還想吃東西」。這種時候，一般認為能減少食量、降低血糖的正念飲食是個有效的方法。

吃飯時速度放慢，咀嚼二十到四十次，徹底品味食物的色、香、味及口感。用一顆葡萄乾來進行也很有效。請觀察表面的皺褶，嗅聞香氣，放入口中，慢慢咀嚼再吞下去。

BODY

48

小心不要過度攝取咖啡因

你是否會下意識地把咖啡和能量飲料往嘴裡灌呢？

在工作時，一邊盯著電腦畫面，一邊不停喝著咖啡。如果你會無意識地這麼做，一天之中就會不小心攝取相當多的咖啡因。

不是因為喜歡口味和香味，而是為了消除睡意和疲憊而喝，為了提升專注力而喝。這樣只會讓身體痛苦而已。想消除積累的疲勞，比起咖啡因，**睡覺或許更有效**。

BODY

49

試著稍微減少飲酒量

自己的時間變多，還可以省錢，除了身體狀況以外，也會出現很多良性變化。

為了珍惜自己的身體、時間和想做的事，選擇刻意不喝酒的生活方式——「清醒好奇運動（Sober Curious）」現在備受關注。

在喝酒的場合，黃湯下肚後能愉快聊天的人通常很受歡迎。應該有很多人都會勉強自己，不小心喝太多吧？少喝一杯，避開烈酒，只要稍微減少一點酒精的攝取，身體、體

重、工作表現，甚至是荷包，應該都會出現良性的變化。

重要的是，找到能讓自己的身心感到最舒適的「適量」。除此之外，還要傾聽自己每天都在變化的心聲，比如「今天我想好好享受紅酒與餐點」、「想開心享受派對」、「希望待會有獨處的時間，所以想貫徹無酒精原則」、「想擁有拒絕的勇氣！」之類的。

酒並不是「罪惡」。不是要你完全不喝，但也不要過量，讓自己變成「被酒精控制」的狀態。請找到能讓自己身心感到幸福的最佳飲酒法。

BODY

50

用深呼吸調整狀態

一分鐘也行。
用深呼吸舒緩
因壓力而緊繃的身體。

人是一種感到壓力時呼吸就會變淺的生物。

呼吸過淺，會無法提供足夠的氧氣給身體和腦部，導致不安感增強。此外，因緊張而肌肉緊繃、聳肩，通常也會導致姿勢不良。覺得壓力大的時候，試著有意識地深呼吸吧。

不過，深呼吸看似簡單，其實沒那麼容易。我的建議是花四秒用鼻子吸氣，讓空氣充

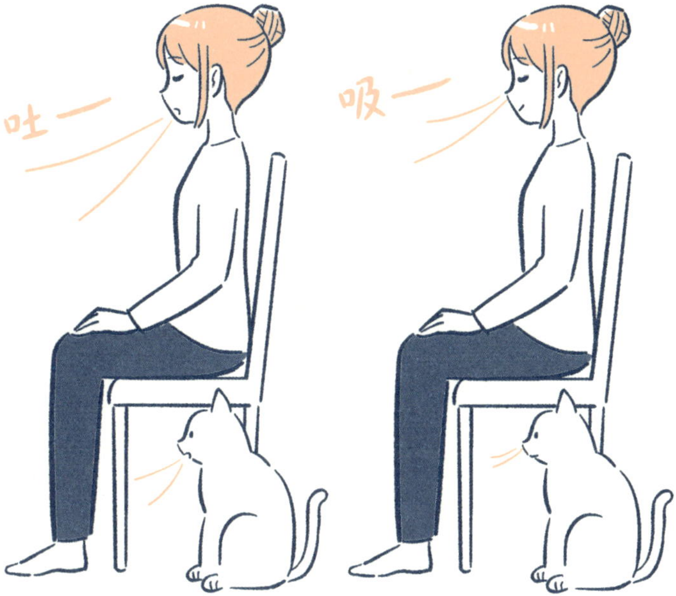

滿肺部，再花六秒用嘴巴輕輕、慢慢地吐氣。這時候請想像要吹熄位於前方兩公尺處的蠟燭的情境，慢慢地吐氣。

不斷重複進行這個呼吸法，就算只有一分鐘，應該也能讓頭腦變得清晰，讓內心平靜下來。

身心是連繫在一起的。當內心不平靜的時候，請先試著調適身體。內心會受調適好的身體影響，跟著平靜下來。感到焦慮與不安的時候，更要養成深呼吸的習慣。

BODY

51

不要拖延就醫

放著不管，只會愈來愈害怕。

感到身體不適，卻因為害怕醫生的診斷而不敢去醫院的人，似乎意外地多。

其實，我也曾罹患乳癌。在進行自我檢查，發現不大對勁的當下，就立刻打電話到醫院掛號了。檢查出來的腫瘤非常小，連醫生都驚訝地說：「真虧妳能發現。」

我之所以選擇立刻去看醫生，是因為我認為「光是擔

心，事態也不會好轉」。如果覺得「可能罹患癌症」卻又置之不理，無論是工作還是私生活，肯定會無法全心投入。

雖然我的案例是癌症，不過我認為面對所有的身體不適狀況，都要抱著「趁還不嚴重的趕快處理」的態度。不要覺得「不用為了這點小事跑醫院」、「再觀察一陣子吧」，只要感到擔憂，就果斷地去諮詢專業人士的意見。

研究顯示，當幸福度提高，免疫力也會增強。盡快解決擔憂，對健康來說很重要。

BODY

52

好好面對生理痛和經前症候群

不要忍耐，覺得難受就去看醫生。

生理痛和經前症候群（PMS）是女性會遇到的問題。有調查結果顯示，近七成女性症狀嚴重，但是選擇忍耐。

如果你也是這樣的話，請不要武斷地認為「大家都在忍耐」、「反正不會好轉」，去找專業醫師談談吧。近年來，以用藥為首的幾個方法已逐漸普及。實際上，有很多人都覺得這些問題會導致工作效率和生

產力下降，而且，每個月都要面對這種症狀實在很痛苦。

即便如此，當症狀嚴重到會影響工作的時候，請試著向主管或公司表達你的狀況，獲得對方理解。與其因為「不可以給公司添麻煩」、「不想示弱」而隱瞞，**有時候，一點點的體貼和制度，反而能讓大家工作起來更順暢**。

重點在於，平時就要與周遭的人建立愉快的信任關係。如果大家平時就是可以談論私人話題的關係，得到對方的理解就不會是什麼難事。請帶著誠意與對方談談吧。

BODY

53

養成活動身體的習慣

能有效排解壓力。還能提升專注力、注意力以及幹勁。

每週進行二到三次會喘的有氧運動，每次持續二十到三十分鐘，不僅有益健康，還能有效排解壓力。

我最近開始慢跑。雖然是受朋友影響才開始的，但是現在慢跑已成了我不可或缺的習慣，就連出差時我都會帶著自己的跑鞋。

一開始，我只覺得很痛苦，不過跑了三到五公里後，

就會在某個瞬間突然輕鬆起來。自從體驗過那個感覺後，不管過程多麼辛苦，我都能夠相信「之後會變輕鬆」，堅持跑下去了。

除了慢跑之外，還有很多事情都會輪流出現痛苦的時期和輕鬆的時期。不管是什麼事，一開始多少都會讓人覺得「痛苦」。正因如此，先踏出第一步是最重要的。接著，如果你因為太過痛苦而無法邁出第二步，請想著「雖然現在很痛苦，但是過一陣子就會變輕鬆」，這樣就會逐漸輕鬆起來。

BODY

54

把「注意幸福」當成暗號

身心是相連的。過得幸福是健康的基本。

如今已是人生一百年時代。大家也想盡可能活得長久，體驗更多樂趣吧？有研究結果顯示，覺得自己幸福的人，壽命比覺得自己不幸福的人長七年。免疫力也很強，相當健康。

大家常說「注意身體」，不過在將來的時代，「注意幸福」也很重要吧？壓力大的時候，更要意識到這一點。

6

LIFE

設 計 生 活 方 式 。

「理想般的人生」很無聊

「想擁有知名大學的學歷」、「想進入大公司」、「想在〇歲前結婚，生〇個孩子！」……雖說現在已進入多元的時代，但大概還是有不少人在用「一定要這樣才行」的理想為前提來思考人生吧。

不過，如果人生全都按照事先決定好的劇情走……就不會出現巨大的飛躍與發展。這麼一來，不就無法體會到打從心底湧上的喜悅和驚喜了嗎？

「不如預期」的人生才有意思。遇到意料之外的事情，自己思考該怎麼做並付諸行動，人生就是這樣一點一點建構出來的。把偶然當作助力的生活方式，或許更能使人獲得幸福。

話說回來，經歷過新冠疫情的我們應該會更了解，有時候我們無法憑自己的意志實現「理想人生」這件事。應該也有人在那個時候失去了找工作、轉職、創業的機會吧。用靈活的觀點看待理想與目標，思考自己想成為什麼樣的人，才是最重要的。

舉例來說，就算你放棄了「國外留學」的夢想，選擇「從事與外國有關的工作」、「成為一個放眼世界，持續學習的人」這樣的生活方式，應該也不會偏離原本的夢想太遠，還能持續滿足自己。

這不限於職涯這種重大選擇，而是一種重要的心態。自己想在何時、何地、和誰一起、過什麼樣的生活？想打扮成什麼樣子、熱愛哪些事情、期待著什麼而活呢？

不必去追求社會大眾所認為的幸福。不斷進行眼前的選擇，就會在不知不覺間靠近自己所渴望的幸福。我認為，這樣的過程才是所謂的幸福人生。

LIFE

55

想居住的地方會依人生階段而異

沒有正確答案。
優先考量
現在的自己
與家人的需求。

遠距辦公的普及，促進了工作型態多元化，居住地點的選擇也增加。租屋？買房？東京市中心、郊外，還是其他縣市？近年來，利息和房價不斷上升，應該有很多人對於要住在哪裡感到很迷惘吧。

我認為世上沒有「適合所有人」的居住環境。比如，單身、重視工作的人，選擇住在東京都心、靠近公司，可能最

為合適。有些人與家人或寵物同住，就會偏好郊區的大坪數物件。我家孩子已成年，所以對我們來說，方便工作的地點最好。此外，如果能步行前往多間日式小館或酒吧，夫妻倆便能輕鬆外食，這樣的地點也不錯。

一直到不久前，還有很多人認為「自購住宅＝終老之處」，但是如今，在小孩長大獨立後，我們還有很長的人生要過。根據人生階段更換住處，也許已經成了某種理所當然的概念。請各位去追求能讓自己活得像自己的環境。

LIFE

56

全家一起打造舒適的空間

無論是整理還是不整理，都是為了讓大家生活得更舒適。

這幾年斷捨離相當流行。一直看到整齊乾淨的房間照片，會讓人漸漸開始覺得，那似乎就是家的「正確答案」。

但是，家是屬於你的「城堡」。不必套用別人的思考基準來決定物品的數量。不管東西是多是少，有整理還是沒整理，只要你和家人待得舒適，那個狀態就是「正確答案」。

不過，一忙起來家裡就很

容易變亂，這一點也很令人在意。希望這種時候大家不要互相指責，而是保持心平氣和，巧妙地出言提醒一下。

面對這種狀況，我們家的人都會互相提醒「我們最近都沒整理家裡呢」，用開朗的態度解決問題。

正因為大家共同生活，才會以「我們」為主詞，心懷想要一起變好的想法。

每個家庭成員都有自己的狀況，未必能時時刻刻保持完美狀態。因此，希望大家別忘了這種讓彼此都感到舒適的體貼提醒。

LIFE

57

不要因為過度省錢而變得不快樂

錢光是存著實在太浪費。花錢的方式，決定了人生的模樣。

若是因為擔心錢不夠而過著極端省錢的生活，人生就會漸漸變得枯燥乏味。請各位記得，「能存多少錢」固然重要，「如何花錢」也同樣重要。

當然，我們需要一定程度的資金來養老，但等到我們無法像年輕時那樣自由活動的時候，即使有錢也沒什麼用。比如說，在銀行存款最多的時候過世，想想真令人感到空虛。

如果遇到與自己或家人的成長、學習有關的事情，或是只有在當下才能獲得的體驗，建議各位鼓起勇氣把錢花下去。此時得到的經驗可能會成為你的養分，在將來帶給你更多的喜悅與機會。這才是真正有效的投資。

當然，也可以不斷去挑戰沒錢也能做的事。即使處在必須省錢的時期，只要掌握不花錢也能豐富生活的方法，就能帶著從容的心面對生活。

LIFE 58

學習理財知識，即使只是入門也無妨

即使對投資沒興趣，有一些事情還是要知道比較好。

為了獲得幸福，金錢也很重要。即使不需成為億萬富翁，也要懂得管理每月收入，維持經濟穩定的知識，避免將來為錢煩惱。

由於經濟狀況的變化，我們活在一個需要擔心養老資金和存款貶值的時代。事先了解以新NISA※為首的低風險投資、節稅、年金等金融知識也不錯。

※譯註：日本的少額投資免稅制度，全名為Nippon Individual Saving Account。

LIFE

59

自由工作者要把錢談清楚

漂亮地完成工作，得到相應的報酬。要有自己身為專業人士的自覺。

自由工作者談錢時，千萬不要有所顧慮。而意外的，似乎很多人都不擅長談錢。

重點在於，要對自己身為專業人士這件事抱有自豪感和自覺。請自信地想著「我的工作是有價值的」，領取自己認為合理的報酬。此外，就算你重視成就感大於金錢，為了後進著想，也該避免用過低的價格接案。

LIFE

60

透過舉手之勞與社會連結

光是買東西
就能讓某人得到幸福。
找到可以
代表自己的主題。

我們平時穿戴在身上的服裝和飾品，是一種展現自我的手段。在進行這種令人滿心期待的選擇時，可以將「良知消費商品」納入考慮。

良知消費指的是購買對人類、社會、地球環境友善的商品。舉例來說，我現在用的手機殼就來自一個主打永續性的品牌。

我選擇這個品牌的原因

是，他的行動背後充滿了「愛」。他們使用廢棄材料來製造商品，而且長年來一直把公司的回收商品捐贈給社會新鮮人。透過商品，連接起一個人與另一個人幸福，增加這個世界上的愛與體貼。這正好是我在講授well-being與幸福學時非常重視的一點。

品牌價值觀與自己的特質連結在一起的商品，應該不會被周遭的評價或流行左右，能夠長久使用。帶著自己的講究挑選的東西，不僅僅是一個單純的商品，還能表現出你人生的主題和態度。

LIFE

61

與另一半開誠布公地溝通

人生就是一連串的意外。為了在任何狀況下，都能一起跨越難關。

跟什麼樣的伴侶在一起會幸福呢？這應該是很多人都好奇的問題吧。

我的建議是，找一個「想怎麼過日子」答案和自己一樣的人。要不要生小孩、生幾個、住哪裡等等，都有可能因為不可抗力因素而難以實現。而興趣、理想的生活方式也有可能會改變。所以才要選擇人生基本態度與自己相同的人，

因為這是不會隨時間改變的。

結婚很難像談戀愛一樣，用「只展現好的一面給對方看」的方式交往。在漫長的人生中，我們會有遭遇困難、意外發現彼此的價值觀不合、無法冷靜的時候。請各位想一想，遇到這些情況時，是否能對彼此開誠布公、敞開心胸溝通？能否繼續尊重對方？

相伴一生這件事意味著，要一起面對許多人生大事。「跟這個人在一起，總是能一起做出令人滿心期待的選擇」，如果有這種想法，那你的人生就沒什麼可害怕的了。

LIFE

62

不要追求「工作、家事、育兒」都完美

體力和時間
都是有限的。
「至少要做到這個」，
鎖定一件最重要的事，
也不失為一個方法。

「工作、家事、育兒等都做得不上不下」應該是很多人的煩惱。但是，因為體力和時間有限，這樣就已經足夠了。

與外國相比，日本人對家事的要求較高，絕對不是「理所當然」。舉個例子，如果晚餐要端出好幾道親手做的菜，會讓你感到身心疲勞的話，就靠微波食品、市售熟食、外食幫忙吧。吃完飯後，還要幫小

孩洗澡、哄睡、檢查作業和攜帶物品，接著繼續做家事，應該還有很多很多的事要做。請好好利用省時家電。

重點在於你是否能保持心情愉快。如果完美地完成了每一件事，卻變得心情低落，那麼你和家人都不會感到開心。

當有全職工作時，就沒時間陪家人，這應該是許多人的煩惱。我希望大家記住「時間是質大於量」。即使只有五分鐘、三十分鐘，只要在這段時間裡用心與對方相處，也會比漫不經心的全天陪伴更深刻。

LIFE

63

忙碌時更要給自己獎勵

透過美容找回活力。專業人士的手藝會讓人心情立刻變好。

保養外表也是一種能有效提升幸福感的方法。我平時會做的保養包括美甲和美睫。看到修整得乾淨漂亮的指甲和捲翹的睫毛，我就會產生「好好加油吧」的想法。

去美容店或髮廊的時候，和店員聊聊天也可以轉換心情。因為忙碌而情緒緊繃時，更要借助專業人士之力，享受愉悅的感覺。

LIFE 64

每個月都要有一天是完全自由的

可以保留一個
去哪裡、做什麼、
何時回來，
都完全自由的日子。

我們每天都在為了工作、育兒、家事而奔忙。就算再怎麼喜歡，也會累積疲勞。建議各位有時要好好休息。

孩子還小的時候，我丈夫每個月都會幫我安排一個「完全休息的日子」。只要想到一定會有一段可以完全為自己而過的時間，平常的生活就會充滿幹勁，對吧？這也可以讓你學習依賴家人。

LIFE

65

面對職涯暫緩這件事

機會不會只有一次。
不要放棄希望，
做出自己
能接受的決定。

自己在工作上的努力受到認可，獲得升遷的機會時，卻因為家庭因素而不得不放棄。曾有人跟我談過這樣的事情。

公司的員工、孩子的爸媽，兩者之中無可替代的身分當然是爸媽。就算你事後覺得「要是當時更認真面對就好了」，也不會再有「第二次機會」。不只是育兒，將來為了照護問題而苦惱的人應該也會

愈來愈多。

放棄難得的機會，會令人相當不甘心，大家應該也會擔心自己將來的職涯發展吧。不過，只要繼續努力不懈地工作，即使只是勉強維持，**就一定會等到下一次機會**。

重要的是，要做出自己能接受的決定。如果滿腦子都是「本來想更努力拚事業的」這種負面想法，就會無法好好面對眼前的家人。另外，即使需要完全離開職場一段時間，在那段時間內，應該也會學到對將來的自己有幫助的事情。請懷抱希望走向未來吧。

LIFE

66

別忘了感謝職場和家人

這份工作能夠做到到現在，都是多虧了幫助自己的人。

近年來，就連需要育兒、照護、治療疾病等具有特殊狀況的人，都愈來愈容易兼顧工作了。

另一方面，我也經常聽到沒有特殊狀況的人抱怨，說他們常常為了要「支援」這些有狀況的人而負擔更多的工作量。雖然這是組織管理的問題，但是個人當然也該注意。

如果你透過某種制度得到

其他同事的協助，**請別忘了對周遭的人們表達感謝**。就算你覺得對方幫得不夠，對方多少還是有在關照你的。

即便只是一點點體貼他人的行為，只要對周遭的人有所幫助，就試著率先行動吧。要是能在不勉強的範圍內，若無其事地回報對方就好了。

此外，如果你是站在支援別人的立場，請務必爽快地答應。換句話說，就是「賣人情」。**將來有一天，你也可能會需要別人的支援**。打造每個人都能輕鬆工作的友善職場，是獲得幸福的祕訣。

LIFE

67

孩子會看著媽媽工作的身影長大

媽媽努力的樣子，就是對孩子而言最棒的社會學習。

在現在這個時代，每個人都理所當然地要工作。不論你的孩子是男是女，長大後應該都會踏入職場吧。

從小看著媽媽工作的樣子，孩子就會明白什麼是工作，學習在工作的同時如何兼顧家事和育兒，而這會成為他們的人生基礎。你努力奮鬥的身影，是孩子重要的學習榜樣。請帶著自信向前邁進吧。

7

DREAM

實現夢想。

踏出「船到橋頭自然直」的一步，夢想一定會實現

大部分的人從出生到現在，應該都擁有過好幾個夢想吧。有的是相對比較容易實現的夢想，有的則是任何人聽到都會說「不可能」、默默藏在心底的夢想。

如果此時此刻，你的人生在沒有實現那個夢想的情況下結束了，你會有什麼感覺呢？只要你覺得有任何一點「可惜」，那個夢想就有著手去實現的價值。

有時候，光靠一個人的力量很難實現夢想。如果非常想要實現的話，請試著找人聊聊你的想法。你或許認為「肯定會被嘲笑」，但是沒關係。擁有

熱情和強烈意志的人，會神奇地吸引到一群願意幫助自己的人。

舉個例子，我認識的一名七十幾歲女性，就是實現夢想的專家。她最近的夢想，竟然是在巴黎舉辦日本傳統祭典。

「沒有門路就沒有錢，要在今年之內找到舉辦祭典的方法。」她笑著說道。就連總是「超」積極樂觀的我，一開始都曾對她感到困惑。

然而在那之後，她不斷將自己的夢想告訴每個遇見的人。緣分牽起了另一段緣分，聽說最近自治團體相關人士終於開始考慮這件事了。

夢想會不會實現，並不是取決於該夢想實現的可能性，而是取決於想實現這個夢想的人擁有多少的熱情。

我們能夠只靠自己完成的事非常有限。如果一直抱持著「等到快實現時再找人商量」的想法，找人商量的時機可能永遠都不會到來。

就算不完美，就算還只是個構想也沒關係，總之先找人聊聊吧。試著踏出一步，你就會發現人們的反應比你想像中還要友善。抱著「船到橋頭自然直」的想法，鼓起勇氣，你的世界就會慢慢被填上滿懷期待的夢想色彩。

DREAM
68

製作「一百個夢想清單」

想嘗試什麼、想實現什麼？徹底重新審視自己的夢想。

如果你覺得「最近都沒有期待的感覺」、「不知道自己想做什麼」，務必試著寫出浮現於腦海的一百個夢想清單。

從「不做會後悔」、「不是現在也沒關係，但是總有一天想做」等等的大事，到「想去一間感興趣的咖啡店」、「一天至少學習五分鐘」這些日常小事，要寫什麼都可以。

一開始，可能要花上好一

段時間才能列出清單。可以試著在過年之類的假期，花好幾天來製作清單。

寫好之後，每完成一項，就刪除該項目，並追加新的項目。重複進行訂定目標並執行，「清單中的項目是可以達成的」這個流程應該就會烙印在你的意識之中。只要完成一次這個流程，你的日常就會成為一連串找到令人滿心期待的事物並將其實現的過程。

我也很建議將清單圖像化。把照片貼在一張大大的襯紙上，製成一幅拼貼畫，會很有震撼力。

DREAM

69

要寫「想做的事」，而不是「該做的事」

只是按照計畫做事，不會感到滿心期待。能讓自己打從心底感到快樂的事情是什麼？

思考夢想的時候，先暫時把「該做的事」放在一邊。夢想清單不是待辦事項清單。請專注於「想做的事」。

重點在於，想到那個目標的時候，自己會不會感到滿心期待。請大家只把那些將辛苦與快樂放在天秤兩端衡量的時候，會覺得「雖然會很辛苦，但似乎也能得到同等的快樂」的事情寫進夢想清單。

DREAM
70
就算是不可能實現的異想天開也OK

做一個能獲得深刻領悟，或吸引意外邂逅的偉大夢想！

應該有很多人被問到夢想時，會不自覺地去想現在的自己做得到的事吧。不過，如果可以讓心情變得開朗積極，就算是不可能實現的夢想，也務必寫下來。即使是「想住在外太空」、「想長生不老」這種類型也沒問題。懷抱夢想過生活的過程中，與接觸到的知識、認識的人共享的那份期待感，會成為你無可替代的財產。

DREAM

71

什麼都想不到的時候該怎麼辦？

決定感興趣的主題或類別，無須硬逼自己想出來。

無論如何就是想不出自己有什麼夢想的時候，先決定幾個主題再思考，會比較容易想出來。舉例來說，可以分出「工作、興趣、食衣住、家庭」這幾個類別，再分別思考自己在每個類型中最舒適的樣子。

最重要的是放輕鬆思考。請別忘了讓這段思考時間充滿期待。

DREAM
72

如果始終無法達成，修改一下也沒關係

不要過度堅持。暫時放手，去追求其他夢想也是一個方法。

在我們定期確認夢想的時候，有時候會發現一些「始終無法實現的夢想」。既然始終無法實現，或許可以暫時放下這個夢想。

這個夢想可能只是暫時無法實現，但在將來是能夠實現的。幸福的訣竅就是不要過度堅持，去追求適合現在自己的期待。

DREAM

73

把夢想與他人分享

不要藏在心裡，
試著從各種人身上
獲得靈感或啟發。

找到夢想後，建議去找人聊聊。

在交流的過程中，你可能會漸漸看到作為自己夢想核心的重要價值觀。此外，就算覺得只靠自己不可能實現，有時候也會得到意想不到的線索或建議，找到實現的方法。

要找什麼樣的人聊都可以，不分男女老少。找親人或朋友以外的人聊聊，反而會獲

得意外的發現。

在我的工作坊裡，大家彼此分享夢想時，應該有很多人都能從年齡、性別、產業等背景完全不同的人身上，獲得意想不到的寶貴觀點和啟發。

在談論「為什麼想實現？要用什麼方法？在哪裡？和誰一起？到什麼時候？」的過程中，夢想就會從感覺有望開始一點點變得具體，讓自己和周遭的人都能夠想像出來。

不要覺得「沒有人會好奇我的夢想」、「可能會因為太荒唐而被嘲笑」，請忠於自己，勇敢貫徹你「熱愛的事物」。

世上存在只有你
才能創造出來的幸福形式

感謝大家讀到最後。

本書介紹了為工作和私生活營造出良好狀態（well-being）的行動清單。

每個人都希望自己能過上豐富又幸福的人生。然而在現實中，自己在工作和家庭中的角色、人際關係等各式各樣的因素重重堆疊，經常會讓我們感到壓力山大，對吧？

為了在日常生活中感覺到幸福，我們每個人都要用適合自己的方式，進行「幸福練習」，這一點非常重要。

在這樣一點一點實踐，每天不斷進行「幸福練習」的過程中，身心都會慢慢變成「幸福體質」，打造出幸福人生。

當然，書中介紹的只是冰山一角。請各位繼續尋找能讓自己獲得幸福的行動，創造出充滿個人特色的幸福。

只要全力以赴地去做會讓自己感到期待、愉快的事，以及想挑戰的事，不知不覺間，充滿你的個人風格、專屬於你的幸福就會慢慢成形。

人生就是一連串的意外。遇到意料之外的事件時如何應對、如何把想法轉化為行動，造就了「只有你才能創造出來的幸福形式」。

而我也在暫離職場之後，碰巧接觸到幸福學，現在已經自行創業，結識了許多關心幸福的人，過著忙碌卻充滿期待感的日子。二十歲的我無法想像這樣的人生，但這是專屬於我的幸福形式，我今後也會繼續向前邁進。

藉著本書出版的機會，我要向許多參與本書製作的人獻上衷心的感謝。非常謝謝你們。接著，我也要向總是溫暖地守護、支持我的家人獻上衷心的感謝。

希望你過得幸福。

希望所有人都過得幸福。

讓我們一起打造一個互相認可、互相支援的幸福世界吧。光明的未來要由我們自己打造！

二〇二四年三月二十五日

前野Madoka

〈作者簡介〉

前野Madoka

EVOL股份有限公司代表董事CEO。慶應義塾大學研究所系統設計與管理研究科附屬系統設計與管理研究所研究員。國際正向心理學協會會員。曾任職於舊金山大學、安盛諮詢公司（Andersen Consulting），而後就任現職。
懷著「創造每個人都能幸福生活的社會」之願望，與丈夫前野隆司一起進行有關幸福的研究。另外也運用自身經驗，舉辦關於女性工作方式和育兒的工作坊並提供相關諮詢。
著有《ウェルビーイング》（日本經濟新聞出版）、《幸せなチームが結果を出す ウェルビーイング・マネジメント7か条》（日經BP）、《きみだけの幸せって、なんだろう?10才から考えるウェルビーイング》（WAVE出版）等書。

提升「幸福度」的73項練習

出　　版／楓書坊文化出版社
地　　址／新北市板橋區信義路163巷3號10樓
郵政劃撥／19907596　楓書坊文化出版社
網　　址／www.maplebook.com.tw
電　　話／02-2957-6096
傳　　真／02-2957-6435
作　　者／前野Madoka
翻　　譯／王綺
責任編輯／黃穫容
內文排版／楊亞容
港澳經銷／泛華發行代理有限公司
定　　價／380元
初版日期／2025年9月

國家圖書館出版品預行編目資料

提升「幸福度」的73項練習 / 前野Madoka作；王綺譯. -- 初版. -- 新北市：楓書坊文化出版社, 2025.09　面；　公分

ISBN 978-626-7730-46-1（平裝）

1. 幸福 2. 生活指導 3. 自我實現

176.51　　114010801